इतिहास के पन्नों से परे

वाणी प्रकाशन
21-ए, दरियागंज, नई दिल्ली-110002
फोन : 011-23273167, 23275710, 41562622
फैक्स : 011-23275710
e-mail : vani_prakashan@yahoo.com

इतिहास के पन्नों से परे

पूनम अग्रवाल

वाणी प्रकाशन का 'लोगो'
विख्यात चित्रकार मक़बूल फ़िदा हुसेन की
कूची से

ISBN : 81-8143-502-8

वाणी प्रकाशन
21-ए, दरियागंज, नयी दिल्ली-110002
द्वारा प्रकाशित

प्रथम संस्करण : 2006

दिल्ली के सौजन्य से प्रकाशित

मूल्य : 125.00

आवरण : वाणी चित्रांकन

एस.एन. प्रिंटर्स, दिल्ली-110032
द्वारा मुद्रित

ITIHAS KE PANNO SE PARE
by Poonam Agrawal

स्नेही माता-पिता
कवयित्री श्रीमती शान्ति अग्रवाल
एवं स्वर्गीय श्री विशम्भर नाथ अग्रवाल
को
सादर समर्पित

सृजन-यात्रा

आडम्बर, आवरण, ओढी हुई मुसकानें, आधे-अधूरे सच, चलते-फिरते बुत और इन सबके बीच उगे प्रश्नों के जंगल; अर्थ खो चुके शब्दों का मायाजाल बुनते लोग; चलने को बिछी-बिछाई पटरियाँ तलाशते क़दम और अपने ही लिए पिंजरे गढ़ते हाथ; चट्टान हो चुके मन और मात्र समाचार बनतीं घटनाएँ; तेजी से भागती मशीनी दिनचर्या में हर दिन सिर्फ़ कैलेण्डर की तारीखें बदलने की रस्म तक ही सीमित ज़िन्दगी जीने का अहसास--अगर यही यथार्थ है तो यह मुझे स्वीकार नहीं।

प्रतिपल चारों ओर कितना कुछ घटता है, वह जो आँखों को दिखता है और वह भी जो मन-मस्तिष्क देखता है, चाहा भी, अनचाहा भी, कुछ अपेक्षित, कुछ अनपेक्षित। इस सबको एक उदासीन निर्लिप्तता के साथ स्वीकार कर लेना मेरी प्रकृति में नहीं है। मैंने अपने जीवन में इसकी कीमत भी चुकायी है, पर शायद कोई भी कीमत जीवन्त और संवेदनशील बने रहने की आत्मतुष्टि से बढ़कर नहीं हो सकती। 'असम्भव' शब्द मेरे शब्दकोष में नहीं है। 'अब कुछ नहीं हो सकता', 'हम कर ही क्या सकते हैं?', 'आजकल तो ऐसा ही होता है', जैसे वाक्य मेरी अभिव्यक्ति का अंग नहीं। यह बात मेरे लेखन में कुछ इस प्रकार प्रस्फुटित होती है--

"हमें बताना बेकार है
कि आज तक
कोई नहीं रोक पाया है
हथेलियों पर तूफ़ान।"

और भी–

“हमारे साथ आओ
और देखो
बिना मील के पत्थरों के भी
मिलती हैं मंज़िलें।”

मेरे विचार में कोई भी परिस्थिति ऐसी नहीं हो सकती जिससे उबरना संभव न हो–

“तुम भी जानते हो
यह अँधेरे
हमेशा नहीं रहेंगे
रात की मजबूरी है
सूरज को रास्ता देने की।”

यह कविताएँ मैंने इसलिए नहीं लिखी हैं कि मेरी घुटन और आक्रोश शब्दों में निकल जाए और मैं जी सकूँ एक तनावरहित ज़िन्दगी। यह कविताएँ तलाश हैं सम्भावनाओं की, चिन्तन और अवलोकन के दोराहे पर घिरते अँधेरों में प्रकाश की उस किरण की जो यह तय करे कि सूरज कहाँ है और जिससे टकराकर उसका मार्ग अवरुद्ध करने का साहस किसी को न हो। मेरा मानना है कि यदि कुछ बदलना अपेक्षित है, तो बदलाव लाने का प्रयत्न करना ही चाहिए। उसे यूँ ही स्वीकार कर लेना अपराध है। जब कुत्सित होने लगे यथार्थ तो बुनने होंगे सपने, इस विश्वास के साथ कि सपने सच भी होते हैं–

“कभी-कभी
पाँव ही काफ़ी नहीं होते
पंख भी होने चाहिए।”

पंखों की कुछ संभावनाओं के साथ प्रस्तुत है यह पुस्तक। यदि यह आपके मन के किसी कोने को छू पाये तो मेरा प्रयास सार्थक होगा।

मेरी रचनाओं को आप तक पहुँचाने के लिए मैं हिन्दी अकादमी, दिल्ली सरकार, दिल्ली की आभारी हूँ जिनके प्रकाशन सहयोग से यह पुस्तक प्रकाशित हुई है। मैं आभारी हूँ अपने परिवारजनों, मित्रों एवं शुभ-चिंतकों की, जिनकी प्रेरणा और सक्रिय सहयोग से यह पुस्तक इस रूप तक पहुँची है।

–पूनम

अनुक्रम

सुनामी

पहले भी
मचलता था समुद्र
पर
इतना बिगड़ता नहीं था।

अक्सर तो
ऐसा ही होता
कि उसकी लहरें
खिलखिलाती हुई आतीं
और मुझे छूकर
गुनगुनाती हुई चली जातीं।

कभी-कभी
ऐसा भी लगता
जैसे
उठ बैठा हो समन्दर
अपनी बाँहें
ज़ोर-ज़ोर से हिलाता
उतावली से बुलाता-सा।

कभी वह
बेचैन भी लगता
आन्दोलित-सा
कुछ बदला-सा।
हाँ
पहले भी कई बार
समुद्र ने बदले थे रूप
पर
वह कभी
इतना बिगड़ा नहीं था।

लेकिन अब की बार तो
न जाने क्या हो गया उसे।
अपने किनारे
सपनों के घरौंदे बनाते बचपन,
रेत को नरमी से छूते पाँव,
बसे हुए गाँव
सब पर
समान रूप से
कुपित हो गया वह।
सबकुछ
हमेशा के लिए
समेट ले गया वह।
लेकिन
क्या दोषी
सचमुच समुद्र है??

क्या कभी सोचा हमने
कितने स्वार्थी हो गये हैं हम!

अपने हक़ में हमने
गढ़ लिए हैं
कुछ इस तरह से
सारे समीकरण
कि
लेन-देन के हमारे हिसाब में
हर बार
लगातार
हर किसी से
सिर्फ़
लेना ही बनता है हमारा।
फिर चाहे वह
ज़मीन हो
जंगल हों
समन्दर
या कि कुछ और।

इस दोहन में
इतने मशगूल हैं हम
कि देख नहीं पातीं
हमारी आँखें
कि हमें देते-देते
कितने चुक हैं ये सब।

इतने पर भी
ख़त्म नहीं होते
ये जुनूनी मंसूबे।
पर्वतों की चोटियों
सागर

चाँद, सितारों
या आसमान पर
फ़तह भी शगल है हमारा।

तो फिर कौन जाने
ये सुनामी
समन्दर का शगल हो!!!

इससे पहले
कि समूची प्रकृति
सीख जाये हमारी भाषा
हमें सीखनी होगी
उनकी भी भाषा
हमारी नज़र में
जिनकी कोई भाषा ही नहीं!

हमारे हिस्से का आकाश

तुमने कहा था–
तुम्हारे हाथों में सुरक्षित है
हमारे हिस्से का आकाश।

याद दिलाते रहे थे तुम
कि ज़िन्दगी जीने के लिए
कितना ज़रूरी है
एक टुकड़ा आसमान,
और यूँ
तुमने कील लिया था
अपने इर्द-गिर्द
हमारा व्यक्तित्व।

शायद
तुमने सोचा भी नहीं था
कि यूँ
जकड़ दिये गये वजूद के साथ भी
हम माँगने लगेंगे अपने अधिकार।

लेकिन आज,
जब तुम्हारी ही
ज़ंग लगी
गली हुई कीलों ने
साबित कर दी है
तुम्हारे स्वार्थी समीकरणों की निरर्थकता,
तुम हमें समझाने लगे हो
आकाश शून्य है का दर्शन
और चाहते हो
मान लें हम
तुम्हारे हाथों में
एक शून्य था
सिर्फ़ एक शून्य
जो हमें कुछ नहीं दे सकता।

यह सच है
कि तुमने जीने नहीं दी
हमारे सपनों को उनकी उम्र।
लेकिन अब
अपने स्वार्थ के लिए
तुम कील नहीं पाओगे
एक भी व्यक्तित्व।

जान गये हैं हम
सूरज
तुम्हारे आँगन से नहीं उगता
और यह भी
कि
एक टुकड़ा आकाश के लिए

कितना ज़रूरी है
पैरों के नीचे ज़मीन का यथार्थ।

नहीं
अब यह विषैला आक्रोश
तुम्हें कुछ नहीं देगा।
देखो!
आक्रोश से भिंचती
तुम्हारी मुट्ठियों के बीच
चरमराने लगी हैं
तुम्हारे अपने ही हाथ की रेखायें।

एक और द्रोणाचार्य

एकलव्य के कटे अँगूठे से
बहता लहू
सूखा नहीं है अभी
और तुम
बनना चाहते हो
एक और द्रोणाचार्य!

पर मत भूलो
कि
एकलव्य के लहू से लिखे
इतिहास के पन्ने
द्रोणाचार्य की विद्या के तेज के नहीं।

द्रोणाचार्य तो
उसी दिन बिक गये थे
जब
उन्होंने ठुकरा दिया था
एकलव्य-सा शिष्य
भिखारी हो गया था
उनका तेज

जब उन्होंने
माँग लिया था
एकलव्य से
उसकी श्रद्धा का मोल।

लेकिन नहीं
तुम नहीं समझोगे
इन लाल अक्षरों के अर्थ
तुमने तो पढ़े हैं
सिर्फ़
काले-सफेद अक्षर

इसीलिए
तुम भीड़ में
तलाशने लगे हो
एकलव्य
जिसके कटे अँगूठे से
दे सको
अपने द्रोणाचार्य होने का सबूत।

निर्जीव पाँवों का सच

माना कि अभी
मज़बूत हैं तुम्हारे पाँव,
लेकिन यहाँ
तुम दौड़ नहीं सकते
तैर नहीं सकते
चल भी नहीं सकते
क्योंकि इस शहर में
सिर्फ़ दलदल है,
और
इस शहर के
कमज़ोर पाँवों वाले लोग
चाहते भी नहीं
कि सूख जाये यह दलदल
और पुख़्ता ज़मीन पर लड़खड़ाते
इनके निर्जीव पाँवों का सच
इन्हें और कुंठित कर दे।
लेकिन
मेरे अन्दर
पाँवों के होने का अहसास
ज़िन्दा है अभी

इसीलिए
इकट्ठी की है मैंने
हर रोज़
थोड़ी-थोड़ी आग।

लौटो मत!
कौन जाने
दूसरे शहरों की
पुख़्ता दिखती सड़कें भी
कितनी पोली हों।

आओ
हम मिलकर सुलगायें एक आफ़ताब
सुखा दें यह दलदल
और दिखा दें
कि यह
चन्द स्वार्थी
कुंठित लोगों की साज़िश थी
अवश्यम्भावी नियति नहीं।

ज़िन्दगी ख़ुश है

वक़्त के दरवाजे से
कई बार
खाली हाथ
लौटी है ज़िन्दगी।
हर बार
माथे की लकीरों को
फिर-फिर
पढ़ा है उसने
और सुनी है
कानों में अनुभव की आवाज़
'आईने भी झूठ बोलते हैं।'

भिंची मुट्ठी से
सूखी रेत-सी
फ़िसलती रहीं चाहतें
जानी-पहचानी नक़ाबों से
झाँकते रहे अजनबी चेहरे।

और इस सबके बीच उगी
निर्लिप्त कैक्टस से
शिकायत है सबको।

लेकिन अब
ज़िन्दगी खुश है
आईने में माथे की लकीरें
अब नहीं देखती वह

सीख लिया है उसने
कि
बदल सकती हैं
हाथों की लकीरें
जान गयी है वह
कि कितनी क़शिश है
उसके पदचिन्हों में
अब तो वह रास्ते बनाती है
और सपने
उसका इन्तज़ार करते हैं।

तुम्हारा कह भर देना

तुम्हारा
सिर्फ़
यह कह भर देना
कि
तुम नहीं बदले,
मेरी आँखों में तैरते
तमाम प्रश्नों का
उत्तर तो नहीं।

क्या ज़रूरी है

एक खुशनुमा ज़िन्दगी की
तलाश है न,
पर क्या ज़रूरी है
कि इसके लिए
इधर-उधर परोसे जायें
कुछ ऐसे दावे
जिनकी सच्चाई का
खुद को भी भरोसा न हो।

एक पंछी गाता है
सिर्फ कुछ मीठे गीत,
नाचता है मोर,
पुकारता है पपीहा
बस!

और शायद ये सभी
पा लेते हैं
एक प्यारा साथ।

पर मनुष्य!

एक विकसित प्राणी है न
इस पृथ्वी का
स्वयंभू श्रेष्ठतम्।

दावे करता है वह
कि छू सकता है आकाश
धरती पर उतार सकता है चाँद
मुट्ठियों में भर सकता है बादल
और मिटा सकता है खुद को
सिर्फ एक मनचाहे साथ के लिए।
इससे कुछ भी कम कहना
कैसे निखार पायेगा
उसकी श्रेष्ठतम् छवि!

जबकि
खुद भी जानता है वह
कि आसमान तो क्या
उसकी उँगलियाँ
छू नहीं सकतीं
पेड़ की एक ऊँची फुनगी,
आसमान के तारे तो क्या
टूटता तारा भी
वह अपनी झोली में
भर नहीं सकता

और एक चुभन से ही
साबित हो सकता है
जान लुटा देने जैसे दावों का
खोखलापन!!

फिर किसलिए
ये वायदे
ये आडम्बर
ये आवरण
ये मुखौटे??
एक बार
मुखौटा उतार कर जियो न।

बाज़ नहीं आये तुम

अगर तुम चाहते
तो सीख सकते थे
यहाँ जीने के दाँव-पेंच।

लोगों को आईने दिखाओ
लेकिन तब
जब तुम्हारे पास हों
उनके पत्थरों के जवाब।

क्या जानते नहीं थे तुम
कि
एक पत्थर ही
किरच-किरच कर सकता है
अनगिनत आईने
और तुम्हारी सच्चाई
भेद नहीं सकती
एक भी पत्थर का सीना

कई बार
समझाया गया था तुम्हें
कि सच्चाई
इस तरह, सरेआम
चीखकर बतायी नहीं जाती।

लेकिन
बाज़ कहाँ आये थे तुम
और यूँ
सलीब पर लटकाया जाना
तुम्हारी नियति नहीं
तुम्हारी ज़िद थी।

सड़कों पर आक्रोश

सड़कों पर तैरता आक्रोश
दब गया था
ढहती लाशों के बीच,
बहरी बर्बरता के ठहाके
रौंद गये थे
दम तोड़ती ज़िन्दगी की चीखें
और फिर
मिलकर एक हो गया था
जाम और लहू का लाल रंग

सोचने लगा था मैं
कि कुचल दी गयी ज़िन्दगी के साक्षी
ये कटे हुए जिस्म
ले आयेंगे
ज्वालामुखी से निकलते लावे-सी क्रान्ति
जिसकी आग में जलकर
भस्म हो जायेंगे
खनखनाते सिक्कों के बदले
बिक जाने वाले इन्साफ़

और बदल जायेंगी
झूठे इतिहास के माथे की लकीरें।

लेकिन नहीं
ऐसा कुछ भी तो नहीं हुआ
ज़िन्दा लाशों के लिए
खोद दी गयीं
आश्वासनों की कब्रें
गढ़ दिये गये
थोथे अहसानों के ताबूत
और क्रान्ति
एक बार फिर बिक गयी!

सिर्फ़ प्याले बदलते हैं

हमें सिखाया गया था
कि
ज़िन्दगी के
वजूद के लिए
हमें ढूँढनी होगी
हर क़दम के नीचे
एक नयी ज़मीन
और हमारे अन्दर
उगता रहा था
हर रोज़
कुछ नया खोज पाने का हठ।

यह और बात है
कि वक़्त के साथ
जान गये थे हम –
इस व्यवहारवादी दुनिया में
बदलती रहती हैं नक़ाबें।
हर नया लमहा
जैसे ज़हर से भरा
खूबसूरत प्याला

जिसमें ज़हर वही रहता है
सिर्फ़ प्याले बदलते हैं
और...
नयेपन की अपनी तलाश में
हमें पीना पड़ा था
हर रोज़
थोड़ा-थोड़ा ज़हर।

भूले नहीं हैं हम
किताबों में पढ़ी
सागरमन्थन की कथा।
शायद यह ठीक है
कि हम शिव नहीं हैं
पर सच मानो
हर दिन ज़हर पीने के साथ
गहराता रहा है
एक ज़िन्दापन का अहसास।

हम
अब भी पी सकते हैं ज़हर
देखो!
वक्त के हाथों में विष के प्याले,
क्या यह प्रमाण नहीं
कि हम ज़िन्दा हैं अभी!

कोहरा

हर सुबह-शाम
यह कोहरा
जो सिर्फ़ चुभता है

आँखों की
इस चुभन के लिए
कोई
कुछ भी तो नहीं कर सकता
जबकि यह दिखता है
फिर भी
कोई इसे छू नहीं सकता
हाथों में क़ैद नहीं कर सकता।

हर किसी के
अन्दर की आग को
बिना समझे दबा देने वाले
ओ समाज!
दबा दी गयी आग के
ठंडेपन का भी
एक कोहरा होता है।

जो
दिखता भी नहीं
जो सिर्फ़ आँखों में नहीं चुभता
बल्कि चुभता ही चला जाता है
कहीं अन्दर तक
ठीक उस व्यक्ति के
अन्दर की आग की तरह।

मुझे सहेज कर रखना होगा

कैसे सोच लिया था तुमने
कि एक दिन
किरच-किरच होकर
बिखर जाऊँगा मैं
और तब
पूरी हो जायेगी
मेरी बिखरन में
अपने अहम् की
सम्पूर्णता देखने की
तुम्हारी ज़िद।

इस अजीब सी मानसिकता में
सोचा नहीं था तुमने
कि मैं
तुम्हारा आईना हूँ
मुझे सहेज कर रखना होगा
खंडित हो जाने पर
मेरे साथ ही
टुकड़े-टुकड़े हो जायेगा
तुम्हारा अपना व्यक्तित्व भी।

मेरे चेहरे की दरारों से
बिगड़ जायेगा
तुम्हारा अपना चेहरा।

लेकिन तुम्हें
स्वीकार ही कहाँ था
मेरा
तुम्हारे रू-ब-रू खड़ा होना

आज
तमाम थपेड़ों के बाद भी
बिखरा नहीं हूँ मैं
अफ़सोस मत करो
कि
हार गये हो तुम
कम से कम
अपनी कठोरता के बल पर
मैंने बचा ली है
तुम्हारे व्यक्तित्व की अखण्डता।

कितने अजीब हैं हम

दुनिया के रेगिस्तान में
रिश्ते तलाशते हुए हम
कितने अजीब हैं!
जानते हैं हम
कि
इन रेतीले मैदानों में
रिश्ते पला नहीं करते
सिर्फ़ दफ़न होते हैं।

इस मरीचिका में
भटकते हुए हम
जानते हैं
कि यहाँ
बहुत कम हुआ करती है
रिश्तों की उम्र

इतनी कम
कि वक़्त
आसानी से लाँघ लेता है उसे

इतनी जल्दी
कि हमें
पता तब चलता है
जब हमारे पाँव
ठिठक जाते हैं
रिश्तों के कब्रिस्तान देख कर...

गुलाब क्यों नहीं रोपे

मेरे आँगन में उगे
कैक्टस के काँटों से
छिल गये थे
गुज़रते वक़्त के पाँव
और
भिंची मुट्ठी खोल कर
वक़्त ने उछाल दिया
एक प्रश्न –
आख़िर
मैंने अपनी क्यारियों में
गुलाब क्यों नहीं रोपे?

सुनो वक़्त!
तुम
धृतराष्ट्र की तरह अन्धे हो।

तुमने नहीं देखा
यहाँ लोगों को
लम्बे और नुकीले नाखून बढ़ाने का
शौक़ है।

इसलिए
कि
वह नुकीले नाखूनों से
नोच लेना चाहते हैं
मुस्कुराते चेहरों की मुस्कुराहटें
और
भोले गुलाब
आज के व्यक्ति की तरह
न तो व्यावहारिक हैं
न चालाक।

ख़ैर फिर भी
मेरे आँगन में भी
सब कुछ
और घरों जैसा ही होता
अगर मैं
तुम्हारे अन्धेपन से समझौता कर
गांधारी की तरह
आँखों पर पट्टी बाँध लेती।

पर
गांधारी न बनने की
मेरी ज़िद ने ही
मुझसे उगवाये थे कैक्टस

क्या हुआ
जो इन क्रूर नाखूनों के
अजीबोग़रीब शौक़ की गवाह
तुम्हारी आँखें नहीं हैं

देखो!
मेरे उगाये कैक्टस ने
ले लिया है
मासूम गुलाबों का इन्तक़ाम
जिसके साक्षी हैं
तुम्हारे छिले हुए पाँव।

पीछे क्यों हट गये

सामने पड़ी
लाश को देखकर,
पीछे क्यों हट गये।
ज़िन्दापन को कुचल देना तो
तुम्हारा शौक है न!

लेकिन...
अपना शौक़
पूरा कर लेने के बाद तुमने
पीछे मुड़कर देखा ही कब।

तुमने कभी नहीं देखी
कुचल देने के बाद
तड़पती हुई ज़िन्दगी की लाश।
तुमने कभी नहीं देखे
गर्म लहू से रँगे
अपने हाथ।

शायद इसलिए,
कि

ज़िन्दगी का लहू
लाल नहीं होता।
ज़िन्दगी की लाश
दुनिया की
बेमानी अदालतों में
सबूत नहीं देती।

पर
सामने पड़ी यह एक लाश
तुम्हारे शौक़ का
आख़िरी अन्जाम नहीं।

एक दिन
कुचल दी गयीं ये लाशें भी
विद्रोह कर देंगी।
सूख कर,
काला पड़ चुका लहू
तुम्हारे हाथों को
जकड़ लेगा।
और तुम
मजबूर हो जाओगे
खुद ही,
अपने आप को
हत्यारा मान लेने पर।

अभी से डर कर लौटो मत
अपने शौक़ का
यह अन्जाम नहीं देखोगे?

बेचते भी हैं

आप जानने पर आमादा हैं
कि यह चेहरा
मेरा अपना है
या नकली मुखौटा।

कष्ट न उठायें हुजूर
हम खुद ही बता दें
कि हम
मुखौटे सिर्फ़ बदलते ही नहीं
बेचते भी हैं।

रियायती दरों पर
आपके
और सिर्फ आपके लिए
तीन मुखौटों के साथ
एक मुफ़्त दे सकते हैं।
क्या कहा?
इस बनावटी ज़िन्दगी से
नफ़रत है आपको?

तो आप
एक भी मुखौटा नहीं ख़रीदेंगे
बड़े नीरस निकले आप।

ख़ैर
ठहरियें
और फिर कभी
इधर का रुख़
न करने का वादा
खुद से
जल्दबाज़ी में मत कर बैठिये।

सच मानिए
असली चेहरे
इस दुनिया को रास नहीं आते
क्योंकि
अटकलों, फ़िकरों और अफ़वाहों का
ग़र्दोगुबार
हर चेहरे पर उछालते चलना
आज के
जागरूक किस्म के आदमी की
पहली पहचान है
जिसे ज़रूरत पड़ने पर
वह अपना फ़र्ज़ भी बताता है।

एक दिन आयेगा
जब आईने में अपना चेहरा
पहचान नहीं पायेंगे आप

और जबर्दस्ती थोप दिया गया
यह ग़र्दोंगुबार
नोच कर फेंक भी नहीं पायेंगे।

पर तब तक
शायद बहुत देर हो जाये
यह महसूस कर पाने में
कि इस अजीबोग़रीब दुनिया में
कितना ज़रूरी था
मुखौटे पहनना
खुद को छुपाने के लिए नहीं
बल्कि खुद की खुद से
पहचान के लिए।

और तब

पता था तुम्हें भी
कि
तूफ़ान तो आयेंगे ही
और तब
ज़मीन को
कस कर पकड़े रखना होगा।

तो फिर
आसमान छूने की कोशिश में
तुमने
जमने क्यों नहीं दीं
मजबूत जड़ें।

तुम उड़ सकते हो

तुम
उड़ सकते हो!
अपने पंखों को समेटो मत
इन्हें फैलाओ
और उन्मुक्त आकाश को
बाहों में भर लो।

आज की रात
पलकें मत मूँदो
अपनी आँखों में
खिलने दो सपनों के अमलतास,

अपनी उँगलियों को छूने दो
अनन्त ऊँचाइयाँ
जिन हथेलियों पर उगते हैं
सफलता के सूरज
वह तुम्हारी भी हो सकती हैं!!

हाँ
शायद भूल जाना होगा
कि तपिश
झुलसा भी सकती है

ठिठुरन भरी हवायें
जमा भी सकती हैं
धमनियों में बहता लहू
और
इधर-उधर बिछाये गये बबूल
चुभन भी दे सकते हैं।

याद रखना होगा
तो सिर्फ़ यह
कि पाँवों में भरी जा सकती हैं
बिजलियाँ
मुट्ठियों में
समेटी जा सकती हैं
आँधियाँ
और यह भी
कि बहते जल को
कोई फ़र्क नहीं पड़ता
कि रास्ते में
रेत है
चट्टानें हैं
या कि कँटीली झाड़ियाँ

सच मानो
अगर तुम सीख गये
सपनों को पालना
तो क्षितिज पर उभरते
सपनों के गाँव
तुम्हारे ही होंगे।

पानी पर लिखा तुम्हारा नाम

सुना है–
पानी पर लिखी इबारतों की
कोई उम्र नहीं होती
और यूँ
उनका कोई वजूद भी नहीं।

फिर भी
समुन्दर की सतह पर
मैंने
लिखा है तुम्हारा नाम
क्योंकि मैं जानती हूँ
सिर्फ़ सतह पर पढ़ने वाले
गहराई में
कभी उतरे ही नहीं।

यदि बादलों ने गाये हैं
मीत के लिए गीत
और हवाओं ने सुनाये हैं
मन के संदेश
तो

पानी पर लिखा
तुम्हारा नाम भी
शाश्वत है,

यह और बात है
कि यह
तुम्हारा है
सिर्फ़ तुम्हारे लिये
और इसे पढ़ सकोगे
सिर्फ़ तुम।

कौन मानेगा

एक ज़िन्दगी में
हम जीते रहते हैं
न जाने कितनी
'मिनी' ज़िन्दगियाँ
मरते रहते हैं
न जाने कितनी मौतें

चाहा था
जी लूँ तुम्हारे साथ
कुछ ज़िन्दा लम्हे
और
सहेज लूँ उन्हें
अपनी हथेलियों के बीच
मेरे हाथों की ऊष्मा
रखे उन्हें जीवन्त
हमेशा,
हमेशा!

पर, सोचने लगी हूँ
ज़िन्दगी की डायरी के
रोज़ की मौतों से भरे
पृष्ठों में
क्या खुद ही जोड़ दूँ
कुछ और
वैसे ही पन्ने

माना कि मैं
उन लम्हों को
कभी मरने नहीं दूँगी
पर...
लाशों से भरे कब्रिस्तान में
अगर कुछ ज़िन्दा हो
तो भी
कौन उसे ज़िन्दा मानेगा!

अब और नहीं

कैसा लगता है
अपने ही इर्द-गिर्द
दायरे खींचना
उड़ने को आतुर
पंखों को समेट लेना
उन्मुक्त विचरने को
मचलते मन को
अपनी ही हथेलियों में जकड़ना
महज़
व्यावहारिकता के नाम पर।

यह सब तब
जब कि
असीम है आकाश
अनगिनत हैं रास्ते
अनन्त हैं संभावनाएँ।

और
मेरे पास है
अदम्य इच्छा शक्ति

साहस
और सब कुछ
कर सकने का विश्वास।

अब और नहीं होगा
समाज की रूढ़ियों में
खुद को बाँधना
पिंजड़े में बन्द
चीते की तरह
लाचार...
इधर से उधर
उधर से इधर
पहले से बनी
दीवारों के बीच
बेचैनी से घूमते रहना
और सामने
किसी मंज़िल का न होना ।

लोहे की कठोर सलाखों पर
अन्तहीन ज़ोर आजमाइश
और फिर
थक-हार कर बैठ जाना

अगर यही है
जीवन का सच
तो
यह मुझे स्वीकार नहीं।

क्यों??

कुछ टूटे हुए
काँच के टुकड़े
और
उन्हें सहेजने के लिए
बढ़े हुए हाथ...
क्यों??

टूटता तो आदमी भी है...
तब यही हाथ
क्यों बने रहते हैं निर्लिप्त।

शायद इसलिए
कि
काँच के टुकड़े
बिखरते हैं
और
घायल कर जाते हैं
व्यक्ति के पैरों को
जब कि
टूटा हुआ आदमी???

लौटने लगे हो...

मेरे हाथों ने
सहेज लिये थे
आदर्शों के बिखरे हुए काँच,
जिनकी किरचें
चुभ गयी थीं
मेरे हाथों में
कहीं अन्दर तक
और
मेरे लहूलुहान हुए हाथों ने
मुझे
दुनिया की नज़रों में
क़ातिल बना दिया था

मेरी सच्चाई की जीभ
काट ली गयी थी
चीखों के बदले
मुझे मिले थे
क्रूर अट्टहास
और तब...
मैंने पहली बार नक़ाब ओढ़ी थी।

आज
तुमने नोच डाला है
मेरी नक़ाब को
देख लिये हैं
उसमें छिपे
मेरे ख़ून से सने हाथ
तुम्हारी आँखों में
तैर गया है
नफ़रत का सैलाब...
तुम लौटने लगे हो।

चाहती हूँ
चीख कर कहूँ
यह मेरा अपना लहू है
क्या सिर्फ़
नक़ाबें हटा देने पर ही
ख़त्म हो जाती हैं
तुम्हारे फ़र्ज़ की सीमायें?

क्या अपने ही ख़ून से लिखे
मेरे इतिहास का उपसंहार
यूँ ही बदनाम होता रहेगा
तुम जैसे
फ़र्ज़ के ठेकेदारों के हाथों।

मैंने चाहा
तुमसे कहूँ
एक दिन
मेरे हाथों से बहता लहू

तुम्हें खोज लेगा
मेरे अपने ख़ून से लिखी सच्चाई
चीख-चीख कर
मजबूर कर देगी
तुम्हें
यह थोपा गया उपसंहार
बदल देने के लिए।

पर...
इतना सब कहने के लिये
थरथराते मेरे होंठ
सहसा
जड़ हो गये हैं
अपनी सच्चाई की
कटी हुई जीभ देखकर।

तुम कहते थे

तुम कहते थे
कि तुम्हारे
लोहे से कठोर पैर
कुचल सकते हैं
स्वार्थी शक्तियों के बोये बबूल
तुम्हारे महत्त्वाकांक्षी हाथ
बो सकते हैं
नये इतिहास के बीज
और इसीलिए
तुम्हें पहनाया गया था कवच।

पर
झूठा था तुम्हारा दावा
भ्रम था
तुम्हारे शक्तिशाली पैरों का अहसास
सच थे
तो
राह में उगे बबूल
विरासत में मिले रेगिस्तान
जहाँ

रेत के भयावह अन्धड़ों में
असमय ही
दफ़्न हो जाती है ज़िन्दगी।
सोचा नहीं था हमने
कि तुम भगीरथ नहीं हो
जो उतार लाओगे गंगा
दूर-दूर तक फैली
इस रेत में
तुम पितामह भी नहीं थे
जो अपनी ही इच्छा से मर सकते।

ख़ैर छोड़ो
भगीरथ और पितामह के स्वप्न।
अफ़सोस तो यह है
कि तुम
तुम भी नहीं थे।

मरना नहीं चाहते थे तुम
लेकिन ज़िन्दगी के लिए
रेतीली आँधियों से
लड़ भी नहीं सकते थे।

और इसीलिए
नये आकाश गढ़ने का
दावा करने वाले हाथों ने
एक दिन...
भीख में
माँग ली थी ज़िन्दगी।

मुट्ठी भर राख

बहुत कुछ
जल गया यहाँ
और उसके साथ ही
मिट गये
बहुत से सपनों के
नामोनिशान।

आख़िर
न जाने कब तक
सुलग-सुलगकर
बुझ गये अंगार।

अब तक तो
जलती आग में
तुम भी
ताप रहे थे हाथ
और जबकि
यह बची हुई
मुट्ठी-भर राख भी
दे रही है गरमाहट

न जाने क्यों
अब तुम
बड़ी जल्दी में हो
और
भाग जाना चाहते हो
इस राख से
बहुत दूर।

शायद इस डर से
कि
न जाने कब
यह राख
उड़कर लिपट जाये
तुम्हारे हाथों से
और
राख से मटमैले हुए हाथ
गवाही दे दें
कि
चिंगारी
तुमने ही लगायी थी।

आकाशी भविष्य

हम चाहते हैं
एक निश्चित भविष्य।
तुम्हारे अभ्यस्त हाथ
दिखाने लगे हैं
जगमगाते आकाश
फैलते विस्तार
जो एक दिन
हमारे कदमों में होंगे।

पर हमें लगता है
जैसे सूरज मैला हो गया है
पहाड़ खोखले
और सागर उथले हो गये हैं।
हमें नहीं चाहिये
ये आकाशी भविष्य।

हम चाहते हैं
एक ऐसा भविष्य
जो हमारे हाथों में उगे,
जिसका विस्तार

नाप सकते हों हमारे बढ़ते कदम
जिसकी ऊँचाइयाँ
छू सकते हों हमारे हाथ।

तुम इसे जुनून कहते हो?
क्या इसीलिए
कि अब तक
तमाम लोगों के भविष्य
तुम्हारे हाथों में पलते रहे हैं
तुम्हारे अनुभवी हाथ
दिखाते रहे हैं अनगिनत सूरज
जिनकी चकाचौंध में लोग
पकड़ते रहे हैं
वह शाखाएँ
जिनकी जड़ें उनकी नहीं
तुम्हारी हैं।

ठीक है
हमारा सपना
हमारा जुनून ही सही

लेकिन यह जुनून
महज़ एक पागलपन नहीं
एक सच्चाई है
एक ऐसी सच्चाई
जिसने बता दिया है हमें
कि तुम्हारे दिखाये सूरज
सूरज नहीं
काँच के गोले हैं

जो आज अगर चमकते हैं
तो कल
तुम्हारे इशारों पर
चकनाचूर भी हो सकते हैं।

आम आदमी

मैं
एक आम आदमी हूँ
और तुम
एक विशिष्ट व्यक्ति।

तुम सिर्फ़ कहना जानते हो
और चाहते हो
कि मैं सिर्फ़ सुनूँ
और सुनता ही जाऊँ
मुझे कुछ कहना
या सोचना नहीं चाहिये
आख़िर मैं
एक आम आदमी हूँ
और तुम
एक विशिष्ट व्यक्ति!

तुम्हारा दावा है
कि तुमने भी जिया है दर्द।
सिर्फ़ मैंने ही नहीं
तुमने भी पिया है ज़हर।

ज़हर पीकर
और दर्द जीकर ही
तुम बन सके हो विशिष्ट।

लेकिन नहीं मेरे दोस्त
अगर तुमने पिया होता ज़हर
तो तुम्हारी आँखों में तैरता होता
ज़हर पीकर भी
ज़िन्दा रहने का दर्द,
तुम्हारे माथे की रेखाएँ
दर्द के अनुभवों से
गहरी
और गहरी हो गयी होतीं
और तब
यह विशिष्टता
तुम्हारी अपनी होती
तुम्हारी कुर्सी की नहीं।

हमारा ज़िन्दापन

हर दिन के साथ
बदलते युग के सत्य,
थोपी जाती हुईं
खोखली परिभाषाएँ
और
इन सबसे अकेला लड़ता
हमारा ज़िन्दापन।

यूँ
समाज ने
हर रोज़ धमकाया है इसे
कि एक दिन
इस ज़िन्दापन को भी
कुचल डाला जायेगा,

यह भी
रह जायेगा
एक निरर्थक बेजान
लाश की तरह।

हमारी भी ज़िद है
हर दमन के विरुद्ध
बग़ावत की
और ज़िन्दापन का अहसास
बग़ावत की पहली शर्त है।

अँधेरे हमेशा नहीं रहेंगे

तुम भी जानते हो—
यह अँधेरे
हमेशा नहीं रहेंगे
रात की मजबूरी है
सूरज को रास्ता देने की।

हो सकता है
कि कोई-कोई रात
बहुत अँधेरी हो
और
बहुत लम्बी।

लेकिन कोई रात
इतनी लम्बी नहीं हो सकती
कि लोग
भूल जायें
सूरज का वजूद।

कुछ हाथ तो बढ़ें

इर्द-गिर्द घटता
वह सब
जो एक
अनचाही घुटन से
भर देता है हमें,
अनायास ही बँध जाता है
शब्दों की परिधि में
और
जन्म लेती है कविता।

ऐसा नहीं है
कि इस तरह
घुटन-मुक्त हो जाते हैं हम
और फिर जीने लगते हैं
एक सामान्य ज़िन्दगी
ठीक उन लोगों की तरह
जो सब कुछ
देखते तो हैं
पर नाटक में आमंत्रित
अतिथि की तरह।
नहीं,
कविता को जन्म देना

प्रयास नहीं है
ज़िन्दगी को
आराम से जी लेने का।

घुटन को दी है आवाज़
तो इसलिए
कि कम से कम
कुछ लोग तो
समझ जायें –
घटनाएँ सिर्फ़ सूचना नहीं होतीं।

कम से कम
कुछ हाथ तो बढ़ें
और तोड़ डालें
वे अदृश्य पिंजड़े
जो परिणाम हैं
इस मानसिकता का
कि
'हम कर भी क्या सकते हैं'
और जो
गढ़े हैं
लोगों ने
खुद ही
खुद के लिए।

आओ
तोड़ डालें इन्हें
क्योंकि पिंजड़े
यथार्थ हों
या काल्पनिक
बेबस ही करते हैं
कभी सुरक्षा नहीं देते।

कौन जाने

राख़ के ढेर से
क्या कोई ढूँढ़ सकता है
वह पहली चिन्गारी
जिसने आग लगायी होगी
क्या समझा जा सकता है
कि फिर
कैसे सब कुछ
जल कर
राख़ हो गया होगा।

या फिर
गर्म राख़
मुट्ठियों में भर कर भी
क्या कह सकता है कोई
कि यहाँ
आग कभी लगी ही नहीं।
एक सच्चाई है
यह तबाही
फिर भी
मत फैलाओ दहशत

बन्द करो
आरोपों-प्रत्यारोपों के दौर।

अगर कर सको
तो छोड़ दो
दूसरों के घरों पर
चिन्गारियाँ उछालने का शगल
कौन जाने
कब बदल जाये हवाओं का रुख़
और
तुम्हारी उछाली
कोई चिन्गारी
लिख डाले
तुम्हारी ही बरबादी का दस्तावेज़।

धुँधला पड़ा सच

मायावी शब्दों की प्रवंचना में
फिर
गडमड हो गये अर्थ।
क्या हुआ
जो कभी पढ़ा था
कि शब्द हो सकते हैं
सही या ग़लत
पर सच
शाश्वत है,
समय और शब्द की सीमाओं से परे।

आज तो
धुँधला पड़ा
अस्पष्ट सच ही
रास आता है सबको।

घरों की दीवारों पर लटके हैं
झूठे गर्व की
मटमैली परतों से ढके
हर कड़वे सच के

आकर्षक,
नकली चेहरे।
'इस शहर में धूल बहुत है'
ऐसी दुहाई के साथ
दी जाती हैं दलीलें
बहुत देर नहीं लगती
नकली चेहरों को
असली साबित कर देने में।

कुछ तो सीखो
दुनिया के सफलतम लोगों से।
झूठे तर्क देते समय
यूँ
पसीने से
नहा जाना नहीं चाहिये तुम्हें।

अरे!
किसे ज़रूरत है
जो एकदम असली दिखते
सच के झूठे मुखौटे को
नोच डाले
और फिर
सबसे अलग-थलग कर दिया जाये
यह कह कर
कि यह आदमी
विश्वास के काबिल नहीं रहा।

क्या ज़रूरी है??

विश्वासों को
सलीब पर
लटका देने के बाद
उनके ज़िन्दा होने का दिखावा
क्या ज़रूरी है??

जानती हूँ
तुमने
'इजिप्ट' की 'ममीज़' के सत्य को
सहजता से
स्वीकार लिया
और शायद इसीलिए
तुम
विश्वासों की मौत को
झुठला देना चाहते हो
स्वार्थ के रसायन में

काश!
तुम ज़िन्दगी के भ्रम से अधिक
स्वीकार पाये होते

ज़िन्दगी का यथार्थ,
आओ मेरे अजीज़
विश्वासों को गज़ भर
कफ़न तो दे दें
इन्हें कब्र में तो
चैन से सो लेने दो।

हम जानते हैं

नहीं
अब कोई महाभारत
नहीं लिखा जायेगा
इसलिए नहीं
कि अब
कोई युद्ध ही नहीं होगा।

यूँ
हम अब भी चाहते हैं
असत्य पर सत्य की
अनीति पर नीति की
और
कौरवों पर
पांडवों की विजय।
हम
यह भी मानते हैं
कि जब भी
कहीं कोई महाभारत होगा
नीति से अनीति
जीत नहीं पायेगी।

यह विश्वास
चाहे हमारा अपना नहीं
पर हमें
विरासत में मिला है।

लेकिन वक़्त गवाह है
कि
कभी ख़त्म न होने वाले
अज्ञातवास से तंग आकर
पांडवों ने
लगा लिये हैं कौरवी मुखौटे।
व्यावहारिकता
अब उनका सर्वोपरि सिद्धान्त है।

और कौरव तो
न जाने कब से
ओढ़ चुके हैं
पांडवी व्यक्तित्व

यूँ
अपने-अपने मुखौटे पहने ये चेहरे
बदल चुके हैं अपनी पहचान।
अब भला
इस भीड़ में
कौन ढूँढ पायेगा पांडव

इसीलिये हमने भी
ख़रीद लिये हैं चन्द मुखौटे
जब, जैसी भीड़ देखते हैं

वैसा ही चेहरा लगा लेते हैं।
आप
हमें
यूँ हिक़ारत भरी नज़रों से
मत घूरिये
क्योंकि हम जानते हैं
कि हमें
यूँ घूरने वाली आपकी नज़रें
आपकी अपनी नहीं
ख़रीदे हुए पांडवी मुखौटे की हैं।

एक बार ठहरो

गहराता हुआ अँधेरा
रास नहीं आता तुम्हें
और
इसीलिये
उजालों के पीछे
अंधाधुंध भागने लगे हो तुम।

एक बार ठहरो
और सोचो
इतने सारे
नकली मुखौटों के साथ भी
क्या तुम सह पाओगे
उजालों का सत्य?

मत कहो

मत कहो
कि हर बार ऐसा ही होगा,
रेतीली आँधियाँ आयेंगी
और हमें
हर बार
शुतुरमुर्ग की तरह
रेत में सर छुपा कर
देते रहना होगा
अपनी कायरता का सबूत।

नहीं
तुम्हारे इशारों पर
अब दोहराया नहीं जायेगा
इस शुतुरमुर्गी मौत का इतिहास।
बेकार है हमें बताना
कि आज तक
कोई नहीं रोक पाया है
हथेलियों पर तूफ़ान।
हर कदम के लिये
बीते कल के माथे पर

उदाहरण खोजना
न हमारी आदत है
न मजबूरी
क्योंकि हम
इतिहास दोहराना नहीं
बनाना जानते हैं।

हमारे साथ आओ
और देखो
बिना मील के पत्थरों के भी
मिलती हैं मंज़िलें
और यह भी
कि ज़िन्दगी का हर वह समीकरण
जिसका उत्तर
तुम्हारी किताबों में नहीं
उन रास्तों पर है
जिन पर
'असम्भव' मान कर
तुम
आज तक चले ही नहीं।

ऐसा क्यों होने लगा

कौन जाने
ऐसा क्यों होने लगा–
सूरज निकलता है
फिर भी उजाला नहीं होता।

शून्य के,
बर्फ से सर्द हाथों में
जमने लगी हैं आवाज़ें,
चुकने लगी है आग,
गहराने लगा है
ठहरा हुआ कोहरा
और बढ़ रहा है अँधेरा।
सच है
इतनी रोशनी काफ़ी नहीं है।
सूरज के चेहरे से
बादलों का पर्दा हटाना होगा।

अब और मत करो
जमी बर्फ के पिघलने का इन्तज़ार,

इससे पहले
कि सर्द हो जाये
धमनियों में बहता लहू
अपने अन्दर टटोलो
दबी हुई चिन्गारियाँ,
उन्हें बनने दो दहकती हुई आग।
उनकी तपिश से
खुद ही छँट जायेगा कोहरा
चमकने लगेगा सूरज
फिर
पहले-सी सुबह होगी
और बदल जायेगा
ठिठुरन भरी बेबसी का इतिहास।

आदतन

आदतन मत लिखो
रेत पर मेरा नाम
अहसास
जब
आदत बन जाते हैं
तो
जड़ हो जाती हैं
संवेदनायें।

जाने क्या सूझी सूरज को

सूरज को जाने क्या सूझी
उस शाम
वह नहीं चाहता था
कि अँधेरों के साये
बढ़कर समेट लें
वह पूरा का पूरा आसमान
जिसे सारा दिन
घूम-घूम कर
वह बाँटता रहा उजाले

और इसीलिये
दूर पहाड़ियों के पीछे उतरता सूरज
ठिठक कर रुक गया।

अपने क़रीब
आसमान के टुकड़े को छूकर
उसने कहा
आज अँधेरा नहीं होगा।

दूर क्षितिज पर
एक चोटी की टेक लगा
इन्तज़ार करता रहा वह
चाँद के आने का।

और सचमुच
रात हुई
पर अँधेरा नहीं हुआ

सारी रात जाग कर
गुनगुनाते रहे तारे
सूरज की पकड़ायी
रोशनी की डोर थाम
सुबह तक
मचलता रहा चाँद।

वसन्त की प्रतीक्षा करें

जागते से आसमान में
एक नन्हें तारे की
उँगली पकड़
तमाम रात
भटकता रहा चाँद
किसी ने हौले से कहा
सोना मत,
आओ!
वसन्त की प्रतीक्षा करें।

हवायें धीमे से गुनगुनायीं
पत्ते मचल कर
उनके साथ चल दिये,
पेड़ों ने बाँहें हिला कर
शिशिर को विदा किया
उस सुनहरी सुबह
ज़िन्दगी ने खिलखिलाकर
सपनों का हाथ थाम लिया
और सब ओर
बिखर गयी
वसन्त की गन्ध।

लहरों पर नाम

आती जाती लहरों पर
अपना नाम
लिख देने भर से
समन्दर
अपना नहीं हो जाता।

कहो—
छोड़ सकोगे
किनारों का सम्मोहन?
भूल सकोगे
कहीं मजबूती से खड़े रह कर
पाँव जमाने की आदत?
अपनी ज़मीन
अपनी छत
होने की तसल्ली?
भूलो मत
आसमान उनका ही होता है
जो उड़ना जानते हैं
और
उजाले उनके

आँधियाँ जिनके दीपक
सिर्फ़ छूकर निकल जाती हैं।
तट पर खड़े लोगों की
बाँहों में
सागर नहीं हुआ करते।

बोलो
कर सकोगे ख़ुद को
अथाह जल के हवाले,
क्या
तुम्हारे हाथ
समेट सकेंगे मँझधार?

अगर नहीं
तो लौट जाओ
अपने
सुरक्षित वर्तमान के पास
और अब
कभी मत लिखना
मचलते पानी पर
अपना नाम।

एक आवाज़ के साथ...

बहुत थक चुकी थी ज़िन्दगी
पथरीले रास्तों पर चलते-चलते।
विश्वास का एक शव
उसके कन्धों पर था
और मंज़िल थी
मौत की कगारें।

सहसा उसने सुना
कि उसे
बुला रहा था कोई
जो
मर चुके विश्वास में
भर देगा चेतना
फिर से।
ज़िन्दगी लौट पड़ी...
आवाज़ दूर
दूर...
और दूर होती गयी,
छूट चुकी थीं बहुत पीछे
मौत की कगारें।

ज़िन्दगी लौट रही थी
उस आवाज़ के साथ
जिसका वादा था
विश्वास को जिलाने का

सहसा शून्य में
खो गयी वह आवाज़,
ज़िन्दगी ने देखा –
कहीं, कुछ भी नहीं था
बल्कि
अब ज़िन्दगी के कंधों पर था
एक और विश्वास का शव!

पतझड़

सूनी सड़कों पर
निरुद्देश्य
अकेले
भटकने को मजबूर
ये पत्ते
क्या कभी नहीं पूछते
कि पेड़ों ने
क्यों छोड़ दिया उनका साथ...
या फिर
नयी कोंपलों से सजी
इतराती शाख़ का मन
कभी नहीं होता
कि
झुक कर उठा ले
वह सूखा पत्ता
जिसने कभी सजाया था उसे...

क्या कभी सोचा हमने
किस क़ीमत पर
आता है वसन्त।

एक बिन्दु

एक बिन्दु पर आकर
कितना निरर्थक लगने लगता है
सब कुछ
अपनेपन की तलाश
अहसासों की ज़िन्दगी
खुद का अस्तित्व भी।

कितनी कम होती है
ज़िन्दापन की उम्र।
शायद
कोई वजूद नहीं होता
जिये हुए लम्हों का,
बीत चुके महीने की
तारीख़ों जैसे ही
कैलेन्डर से फाड़ कर
फेंक दिये जाते हैं
और फिर
ये बना लेते हैं
युकलिप्टस के जंगल
अकेले
और त्याज्य!

देश चलाना है उनको

मुँह उठाये चले आते हैं
आप भी
कि चुनावी वादे
पूरे नहीं किये।

आख़िर वह नेता हैं
देश चलाना है उनको
सुना नहीं
तमाम भीड़ के सामने
कहा था उन्होंने–
'गति ही जीवन है'।

नारा चाहे पुराना है
पर इसका अर्थ तो
नया और अनूठा है।
गति का अर्थ है चलना
और इसके लिए
ज़रूरी है
मंज़िल को मरीचिका की तरह
सिर्फ़ दिखलाना

पर उसे
आदमी की पहुँच से
दूर ही रखना।

कितना गहरा रहस्य है
इस पुरानी सूक्ति का
जिसे पचासों बार
पढ़ा, रटा और
अपने बच्चों को सिखाया है आपने
पर क्या समझ पाये थे कभी
यह गूढ़ सच्चाई।

क्यों नहीं कहनी चाहिये थी
राम राज्य लाने की बात
कितना प्रभाव पड़ता है इसका
धार्मिक जनता के
हुजूम पर।

खुद ही समझ लेनी चाहिये
इतनी छोटी-सी बात
कि अगर
ऐसा हो ही गया
तो कैसा ग़ज़ब हो जायेगा
कितने लोग तो बेचारे
धन्धे से हाथ ही धो बैठेंगे।

नहीं जनाब
यह मज़ाक नहीं,
पुराणों में
राम राज्य की कथाओं में

कभी पढ़ा है आपने
स्वयंसेवी
समाज सेवकों का ज़िक्र,
नारी मुक्ति
भ्रष्टाचार विरोधी गुटों के नाम।

शायद इसीलिये
किसी अख़बार तक का
हवाला नहीं मिलता
ठीक भी है
जब तक कोई सनसनीखेज
गर्मागर्म ख़बर न हो
अख़बार बिकता कहाँ है।

यदि बन्द हो गयी
सब ग़ैरकानूनी ख़रीद-फ़रोख़्त
तस्करी, काला बाज़ारी
इधर-उधर के दंगों में
मारे नहीं गये दर्जन-दो-दर्जन लोग
तो देश में
घटने को रह ही क्या जायेगा।

जी हाँ कहा था उन्होंनें –
'ग़रीबी हटायेंगे
बीमारी को जड़ से दूर भगायेंगे'
लेकिन तब
क्या देश के तमाम
डॉक्टर, पत्रकार
स्वयंसेवी, भ्रष्टाचार उन्मूलक
बेरोज़गार नहीं हो जायेंगे।

भला कौन दूरदर्शी नेता
सिर्फ़ आपका मुँह बन्द करने के लिए
उठाना चाहेगा
इतना बड़ा जोख़िम!
और फिर
आपको चुप करने के
बेहतर नुस्खे हैं उनके पास
नोटों से भरे ब्रीफ़केस
किसी आयोग अथवा मंत्रालय के
अध्यक्ष की कुर्सी, राज्यपाल का पद,
चुनाव का टिकट
या कुछ न हुआ
तो एकदम आकस्मिक-सी दिखती दुर्घटना।

इसीलिये अब चुपचाप जाइये
बहुत हो
तो अपनी क़ीमत के अनुसार
चुन लीजिये
ऊपर लिखे सुझावों में से
मुँह बन्द रखने का अपना नुस्खा।

और हाँ
इस तरह भीड़ इकट्ठी कर
उल्टे-सीधे
सवाल उछालने की आदत पर
काबू पाइये
क्योंकि अब बचपना
आपको शोभा नहीं देता।

समझना होगा इन्हें

जो लोग
एक पीले धब्बे को भी
मान लेते हैं सूरज
ओ सूरज!
तुम उनके लिए
मत चमको।

बहुत गर्व है इन्हें
कि इन्होंने
बना ली है
अपनी-अपनी रोशनी।

और अब
अँधेरों की चादर
समेटने को
ये
सूरज के मोहताज नहीं।

लेकिन
झूठे दर्प की चकाचौंध में
भूल गये हैं ये लोग

कि
सूरज के बिना
सम्भव नहीं है
यह धरती
ये पेड़
ये पौधे
ये पक्षी
यहाँ तक कि
अहंकार से अन्धे
इन लोगों का
खुद का अस्तित्व भी।

और यह भी
कि
इनकी बनायी
अनगिनत रोशनियाँ
मिल कर भी
गढ़ नहीं सकतीं
एक छोटा-सा सूरज।

समझना होगा इन्हें
कि एक पीले धब्बे को
सूरज मान लेना
अपराध है।

इनकी भी ज़िम्मेदारी है
सूरज को देने की
एक चमकीला
नीला आकाश।

सपने बेचता हूँ

'मैं सपने बेचता हूँ'–
उसने कहा था
'सूनी आँखें अच्छी नहीं लगतीं
मुझसे ख़रीद लो कोई सपना
या फिर
सपने बुनना सीखो।'

मुझे लगा था
शायद यह
इस दुनिया से नहीं आया
नहीं तो
इसने ज़रूर देखे होते
ख़ूबसूरत ख़्वाबों के
मुरझाये हुये बियावान,
जानता होता यह
टूटे स्वप्नों के साथ
जीने का अर्थ।

मुस्कुराया था वह –
हर सपना काँच नहीं होता

जो किरच-किरच होकर बिखरे
और चुभता रहे तमाम उम्र।
कोई सपना होता है
मोम की तरह भी
जो जलता है
तो अपना वजूद खोकर भी
बाँट सकता है उजाले
टूट कर भी
बिखरता नहीं
चुभन नहीं देता,
जो ज़माने की तपिश से
झुलसता नहीं
सिर्फ़ पिघलता है
और गढ़ लेता है
कोई नया रूप।

और यूँ
जन्म लेता है
एक नया सपना...

सफ़र बाकी है अभी

गर्म रेत पर
जलने लगे हैं पाँव
चुकने लगे हैं
संवेदनाओं भरे शब्द
रेगिस्तान में भी होते हैं
जल-स्रोत
इस पर से
उठने लगा है विश्वास
और
सफ़र अभी बाकी है।

हिम्मत मत हारो!
आँखों में तैरते
अपनेपन में भी
होता है ठंडक का अहसास
मेरी आँखों में देखो
और भूल जाओ
कि सूरज का
कितना सफ़र बाकी है अभी।

और यह भी
कि
रेत में कितनी तपिश है।

यह तो तय है
कि सूरज के कदम
रुकेंगे नहीं
धीरे-धीरे चुकती जायेगी
उसकी आग
ख़त्म होगा उसका सफ़र
फिर जल्दी ही
चाँदी बन जायेगी यह रेत।

उसका सुखद स्पर्श
फिर से जगायेगा विश्वास
जीवन्त हो जायेंगी संवेदनायें
और तब फिर
बढ़ेंगे हमारे कदम।

ऐसा होने तक
आओ
हाथों के स्पन्दन में
भूल जायें रेत की तपिश
और
चाहत के साये में करें
सूरज के सुस्ताने का इन्तज़ार।

फ़र्क क्या पड़ता है

मेरी आँखें
झील-सी हों
या
समन्दर जैसी
फ़र्क क्या पड़ता है
जब
तुम्हें
डूबना नहीं आता!

दिया गया था आसमान

तुम्हें दिया गया था
एक समूचा आसमान।

लेकिन
तुम तो आदी थे
चलने के
बनी बनायी पटरियों पर।

अब जबकि
तुम्हारी ही ज़िद थी–
पटरियाँ बिछायी जायें
तुम्हें शिकायत है
कि छिन गयी है
तुम्हारी स्वतंत्रता

मर गयी है
तुम्हारी सृजनात्मकता
पंगु हो गयी है सोच
खो गया है
तुम्हारा आसमान।

रह गये हैं
तो सिर्फ़ पाँव
जिन्हें कुछ सोचना नहीं
केवल चलते जाना है।

भूलते क्यों हो
यह
बिछी-बिछायी
काली, ठंडी,
सख़्त
पटरियों की विवशता
तुम्हारी नियति नहीं थी।

तुम्हें तो दिया गया था
एक समूचा आसमान!

सीखना होगा

कभी-कभी
पाँव ही काफ़ी नहीं होते
पंख भी होने चाहिये।

जब ऊँची हो
सपनों की उड़ान
नज़रों में हो आसमान
बाँहों में
कुछ अनोखा
समेटने की ललक
तब
कुछ अनूठा ही
करना होगा।

तुम्हें चाँद चाहिए
तो
सीखना होगा
आसमान पर चलना।

❖ ❖ ❖